AF262286

LK 402.

NOTICE HISTORIQUE

SUR

LA SAINTE RELIQUE D'ARGENTEUIL.

> Les soldats... prirent... aussi sa tuni-
> que, et comme elle était sans couture
> ils dirent entre eux : Ne la partageons
> point, mais tirons au sort à qui l'aura.
> (S. Jean, XIX, 23, 24.)

PARIS,

IMPRIMERIE DE POUSSIELGUE,

rue du Croissant, 12.

1845

NOTICE HISTORIQUE

SUR

LA SAINTE RELIQUE

D'ARGENTEUIL.

C'était en l'an 800, au mois d'août. Le vieux Paris était en fête; les cloches remplissaient l'air de joyeuses vibrations; une grande solennité se préparait... Dès l'aurore du jour le plus beau on vit s'avancer à travers les rues pavoisées, où se pressait une foule curieuse, un majestueux cortége précédé de l'étendard du Christ et de la bannière du guerrier; là des hallebardes brillaient au milieu des cierges, des armures étincelaient à côté des blancs vêtements du moine et de la riche tunique des pontifes. En tête de ce cortége marchait un glorieux monarque vêtu de la pourpre impériale; ses traits étaient empreints de grandeur, son regard révélait le génie et son front, siége des grandes conceptions, s'inclinait alors sous l'humble méditation du chrétien.

A sa suite venaient douze évêques accompagnant une châsse magnifiquement ornée, d'asile à la sainte robe, lorsqu'en 1156 un moine la retrouva cachée avec les titres prouvant son authenticité dans une muraille qui avait résisté aux dévastations des Normands.

Aussitôt que le bruit de cette précieuse découverte se fut répandu, tous les hauts dignitaires de l'Eglise, le roi et les principaux seigneurs de la cour, arrivèrent au village d'Argenteuil. La sainte robe fut déployée et publiquement exposée en présence de Louis VII, de Hugues d'Amiens, légat du Saint-Siége, de l'archevêque de Sens, etc., etc.

Rendue encore une fois à la vénération des fidèles, la tunique sacrée attirait chaque jour de nombreux pélerins. Des habitations se groupèrent peu à peu autour du couvent pour y recevoir de nouveaux habitants jaloux de se rapprocher de la sainte relique, et l'humble village d'Argenteuil devint en peu d'années une importante bourgade : on y voyait affluer surtout les malades de tout âge, de tout sexe et de toute condition. Ils venaient au pied de la châsse sacrée, déposer le fardeau de leurs douleurs ; beaucoup s'en retournaient guéris, d'autres quittaient la sainte relique plus soumis à la volonté divine ; aucun ne se retirait sans avoir éprouvé du soulagement, sans avoir recueilli des consolations.

Saint Louis se rendit solennellement au couvent d'Argenteuil, pour témoigner de sa vénération envers l'humble vêtement qui couvrit le Sauveur du monde, et c'est devant l'auguste relique que Blanche, la grande et pieuse reine, venait s'alléger du poids de la régence et demander les secours divins pour le succès des saintes croisades.

Deux fois la célèbre relique fut portée processionnellement en des temps de calamités publiques. Enfin le roi François Ier permit que la ville d'Argenteuil fût entourée de murailles pour assurer la conservation de la robe du Sauveur; mais ces murailles ne suffirent pas pour préserver la ville des ravages des huguenots, qui la mirent à feu et à sang, pillèrent l'église, enlevèrent les vases et les ornements sacrés. La châsse fut comprise dans leurs rapines, et la sainte robe, sauvée de leur fureur et recueillie par de pieuses mains, fut enfermée dans une modeste châsse de bois jusqu'en 1680, époque où Marie de Lorraine, duchesse de Guise, fit don au prieuré d'une châsse en vermeil d'une grande valeur: la relique y fut enfermée avec pompe le 22 octobre de la même année.

Louis XIII, Marie de Médicis, Anne d'Autriche allèrent plusieurs fois en pélerinage au couvent d'Argenteuil; Henriette d'Angleterre, la malheureuse épouse de Charles Ier, vint y pleurer ses malheurs et y méditer sur le néant des grandeurs humaines; enfin Richelieu lui-même, ce ministre-roi, faisant trève un moment à ses immenses préoccupations, vint abaisser sa pompe devant l'humble dépouille du Dieu fait homme.

Déjà se préparait pour la France cette époque de délire et d'impiété où toute profanation était tenue pour légitime et glorieuse.

L'antique abbaye d'Argenteuil représentait de trop grands et de trop honorables souvenirs pour être épargnée ; mais le précieux dépôt qu'elle contenait fut soustrait au vendalisme révolutionnaire, et si la châsse de vermeil donnée par la duchesse de Guise fut enlevée du temple du Seigneur pour figurer sur l'autel de la patrie, la sainte relique qu'elle contenait fut déposée dans l'église paroissiale d'Argenteuil et confiée aux soins de **M.** Ozet, son pasteur, qui sut mettre la sainte robe à l'abri de toute profanation.

Enfin des temps meilleurs commencèrent pour notre pays. Fatigués de leurs égarements, les esprits vinrent se ranger peu à peu autour de chères et impérissables croyances. Le culte catholique reprenant partout son éclat dans la France, la sainte robe fut réintégrée solennellement dans l'église d'Argenteuil, et, par un édit daté du 29 avril 1804, le cardinal Caprara, légat du Saint-Siége, accorda tout pouvoir à monseigneur l'évêque de Versailles pour la réorganisation de l'ancienne confrérie érigée en l'honneur de la tunique sacrée.

Cependant après avoir été l'objet de tant de vénération, après avoir reçu de si solennels hommages, la sainte relique tomba en quelque sorte dans l'oubli. A peine voyait-on à de certaines époques un petit nombre de pélerins venir lui donner quelques souvenirs.

Mais un saint pasteur, appelé depuis peu à la cure d'Argenteuil, affligé de l'abandon

où se trouvait cette précieuse dépouille, ré-
solut de la remettre en honneur ; il voulut
d'abord s'édifier sur son authenticité ; à cet
effet il examina les pièces qui avaient rapport
à la sainte robe, compulsa les titres, et, s'asso-
ciant pour ces recherches plusieurs écclésias-
tiques pleins de zèle et de lumières, il finit
par se convaincre de la valeur du trésor que
possède Argenteuil. C'est alors qu'il soumit
son travail à monseigneur l'évêque de Versailles, qui, après mûr examen, voulut secon-
der lui-même activement les efforts du clergé
d'Argenteuil pour le rétablissement du culte
dû à la sainte relique ; en conséquence il au-
torisa l'impression d'une brochure donnant
l'histoire de la tunique du Sauveur et conte-
nant la copie des pièces justificatives venant à
l'appui de son authenticité. M. l'abbé de So-
lème, prieur des Bénédictins, est chargé de
donner plus d'étendue à cet exposé et d'y
ajouter de précieux documents historiques ;
il doit aussi rechercher, mettre en ordre et
faire réimprimer l'ancien office en l'honneur
de la sainte robe.

La Providence, secondant le zèle du mi-
nistre de Dieu, a permis une importante découverte, celle de toutes les bulles émanées
du Saint-Siége à différentes époques, et ren-
fermant des indulgences pour les associés
de la confrérie de la sainte tunique. L'on
croyait que ces précieux originaux avaient
été anéantis lors des désastres révolution-
naires, mais enlevés d'Argenteuil et empor-
tés pêle-mêle avec d'autres titres au district

de Saint-Germain, ils se trouvèrent soustraits par l'effet de cette confusion à la fureur de ceux qui voulaint les détruire. Depuis, lors de l'organisation départementale, ils furent transférés aux archives de Versailles, et c'est là qu'en septembre 1042, M. le curé d'Argenteuil les a retrouvés intacts et revêtus encore du sceau pontifical.

Monseigneur l'évêque de Versailles voulut que son nom fût inscrit en tête des nouveaux associés à la confrérie de la sainte tunique; le nombre de ses membres s'élève déjà à plus de huit cents.

Une chapelle d'architecture gothique, éclairée par une verrière de couleur, s'achève en ce moment, et la célèbre relique y sera bientôt déposée dans une châsse digne d'elle.

Le bruit de guérisons miraculeuses obtenues par d'illustres malades, s'est déjà répandu dans Paris et dans plusieurs provinces de France, et le nombre des pélerins qui se rendent au village d'Argenteuil augmente chaque jour. La messe est célébrée le vendredi de chaque semaine en faveur des membres de la confrérie, et c'est alors surtout qu'on voit de fervents chrétiens, des affligés et des malades se diriger vers le temple de la modeste cité.

On vient de faire une gravure et de frapper une médaille propres à perpétuer le souvenir de la sainte relique d'Argenteuil; plusieurs milliers en sont déjà répandus parmi les fidèles.

Si l'incrédule s'étonne de ces témoignages

de foi, qu'il sache que la souffrance a besoin de demander à Dieu ce qu'elle n'a pu recevoir des hommes, le soulagement et l'espérance, et qu'elle vient chercher l'un et l'autre dans cette chapelle et en présence de la sainte tunique de Jésus-Christ, de laquelle une émanation divine, maintenant comme autrefois, s'échappe en faveur du malheur confiant et résigné.

Allez donc, méprisant les sarcasmes de l'impie, vous prosterner devant la relique d'Argenteuil, vous qui, fatigués du poids de l'existence et du bruit du monde, cherchez le recueillement et la paix; allez-y, vous surtout qui, éprouvés par les maux de l'humanité, luttez depuis longues années avec la douleur... Rendez-vous aussi dans ce lieu, heureux du siècle, qui placez le bonheur dans la possession des biens de la vie; allez dans ce silencieux sanctuaire; un rayon de vérité tombera peut être sur vous; il frappera votre esprit, échauffera votre cœur, et vous comprendrez alors qu'il est en ce monde une vie dont vous ne soupçonnez même pas l'existence, et que cette vie contient des joies plus douces que les vôtres et un bonheur plus solide et plus vrai que celui dont vous poursuivez inutilement la chimère, celui qui naît de la Foi, se cache dans la prière et se nourrit de célestes espérances.

G. Milon de Villiers.

Nota. Les documents historiques relatifs à cette notice ont été puisés dans plusieurs auteurs, la plupart contemporains des faits, et notamment dans saint Grégoire de Tours, Aimoin, Baronius, Matthieu de Wesmunster, Robert du Mont, André Favin, Froissart, Dutillet, Fleury, l'abbé Conrad, M. de Gaumont et autres.

L'église d'Argenteuil possède aussi les reliques de sainte Christine envoyées par Irène à l'empereur Charlemagne, en même temps que la robe sans couture du Sauveur. Le coffre où sont renfermés les précieux restes de la vierge du lac de Bolsène contient aussi les pièces attestant leur authenticité.

ORAISON

A NOTRE SEIGNEUR JÉSUS-CHRIST

EN L'HONNEUR

DE LA SAINTE ROBE.

Mon Seigneur et mon Dieu! ô vous dont la vertu s'est déployée dans la guérison des malades, vous qui avez redressé les boiteux, rendu la vue aux aveugles, l'ouïe au sourds et la parole aux muets; vous qui avez guéri les infirmités les plus affligeantes par le seul attouchement de votre robe : persuadé de votre éternel pouvoir sur la vie et sur la mort, humblement prosterné devant cette tunique sacrée qui couvrit autrefois votre humanité sainte; pénétré de la foi la plus vive, de la confiance la plus entière et de l'amour le plus tendre, j'ose vous adresser la prière éloquente des sœurs de Lazare, justement alarmées de l'état de leur frère: *Seigneur*, vous dirai-je avec elles, *celui que vous aimez est malade.* Ayez pitié de moi, ô Jésus! selon votre grande miséricorde. Jetez un regard paternel sur votre enfant. *Si vous voulez, vous pouvez me guérir.* Exaucez mes vœux, et faites que j'éprouve l'heureux effet de votre toute-puissance. O souverain maître de la nature, dites-moi comme au lépreux: *Je le veux, soyez guéri.*

Mais, Seigneur, je sais que toutes les infir
mités humaines ont leur source dans le pé-
ché. Puis-je donc vous demander la guérison
de mon corps, sans vous supplier de m'ac-
corder aussi la guérison des maladies de
mon âme !

O Jésus fils de David, faites que je voie... mes
péchés et votre bonté, mes ingratitudes et
votre amour, votre justice et votre miséricorde!

O charitable médecin, guérissez ma sur-
dité ; faites que je vous entende, et que j'é-
coute avec docilité les leçons de votre Evangile ; ne permettez plus que je sois sourd à
vos divines inspirations, ni aux remords de
ma conscience.

O mon Créateur, déliez ma langue, depuis
si longtemps muette ; faites qu'elle chante
désormais vos louanges ; que ma voix dé-
fende votre loi sainte, méconnue et violée ;
que je parle distinctement pour confondre
les projets désastreux de l'impiété et de
l'irréligion.

O mon Rédempteur! vous avez redressé
une femme qui depuis dix-huit ans était courbée
vers la terre. Comme elle, hélas ! je suis fa-
tigué de mon état. Toujours courbé vers la
terre, je ne vois que les avantages et les ri-
chesses de la la terre, je ne poursuis que les
plaisirs et les voluptés de la terre. O vous
qui êtes *le bon Pasteur*, éclairez mon esprit,
touchez mon cœur ; faites que mes soupirs
s'élèvent désormais jusqu'à vous ; accordez-
moi de contempler le céleste héritage de vos

élus, et de découvrir de loin cette éternelle patrie dont je veux faire à tout prix la conquête !

O mon tendre père , secondez mes faibles efforts ! aidez-moi à marcher et à parvenir enfin jusqu'à vous. Distinguez-moi de la foule qui vous environne, et si vous daignez guérir les infirmités de ce corps, qui bientôt ne sera plus que cendre et que poussière, ah ! je vous en conjure, à ce premier miracle ajoutéz-en un second plus excellent encore: guérissez, ô mon Dieu! toutes les plaies de mon âme par la grâce d'un sincère repentir. Convertissez mes yeux en sources de larmes, et donnez-moi les dispositions de ce paralytique de votre Evangile, à qui vous fîtes entendre autrefois ces consolantes paroles : *Mon fils, ayez confiance; vos péchés vous sont remis.*

Ainsi soit-il.

AVIS AUX AMES PIEUSES.

I. Tous les fidèles de l'un et de l'autre sexe de la confrérie de la sainte Robe de notre Seigneur, qui, confessés et communiés, visiteront l'église paroissiale d'Argenteuil les fêtes de l'Invention du corps de saint Denis, de l'Invention de la sainte Croix, de l'Ascension de notre Seigneur, de l'Exaltation de la sainte Croix, les lundis de Pâques et de Pentecôte , y adresseront à Dieu de ferventes prières pour l'exaltation de la sainte Eglise notre mère, l'extirpation des hérésies, l'union entre les princes chrétiens, la prolongation des jours de Sa Sainteté et la prospérité du royaume, gagneront les indulgences accordées par le Pape Innocent X, et confirmées, le 29 avril 1804, par son éminence monseigneur le cardinal Caprara, légat *à latere* de notre très saint Père le Pape Pie VII en France.

II. Par acte du 18 mai 1804, monseigneur Louis Charrier de La Roche, premier évêque de Versailles, a permis que la relique de la sainte Robe de notre Seigneur conservée en l'église paroissiale d'Argenteuil y fût publiquement exposée à la vénération des fidèles.

De tout ce que dessus avons pris une juste connaissance, et certifions l'authenticité.

A Versailles, le 5 août 1842.

† L. M., Ev. de Versailles.

Par mandement, GUET, *Chan. Secrétaire.*

Nota. Le jour spécialement consacré au culte de la sainte Robe est le vendredi. Ce jour les messes sont célébrées devant la sainte relique :

à 7 heures et demie,
à 8 heures et demie,
à 9 heures et demie.

La dernière messe est célébrée à l'intention des personnes inscrites au registre de la Confrérie. — Immédiatement après on fait les stations du Chemin de la Croix.

Cette brochure se trouve à la sacristie d'Argenteuil.